EL HIMNARIO

Selecciones

EL HIMNARIO

Selecciones

CHURCH PUBLISHING
an imprint of
Church Publishing Incorporated, New York

ISBN-10: 0-89869-512-0
ISBN-13: 978-0-89869-512-0

Church Publishing Incorporated
445 Fifth Avenue
New York, NY 10016
www.churchpublishing.org

5 4 3 2 1

Índice de Materias

Presentación   9

Cántico   *Página*

1   Cantad al Señor   11

3   Al despuntar en la loma el día   12

5   Cantemos al Creador   13

7   Cántale a Dios   14

10   Santo, santo, santo, santo   15

14   Grandes y maravillosas son tus obras   16

23   Al caer la lluvia / As the rain is falling 17

29   ¡Canta, Débora, canta!   18

33   Cantemos al amor de los amores   19

40   Dancé en la mañana   20

53   Eres fuerza para el pobre   21

60   Ven Jesús, nuestra esperanza   22

61   ¡Cantemos todos!   23

65   Oh ven, oh ven Emanuel   24

66   En el frío invernal   25

68   Ábranse los cielos   26

69   Preparen el camino del Señor   27

73   El Dios de paz   28

74   Toda la tierra   29

81   Venid, fieles todos   30

82   Ya se abrió el cielo   31

88   En la noche los pastores   32

113 Los magos   33

Cántico		*Página*
123	Camina, pueblo de Dios	34
125	Todo te está diciendo	35
132	Mantos y palmas	36
136	Jesús, tú reuniste	37
143	Mira sus manos	38
151	Alzad, oh pueblos, vuestra voz	39
159	¡Resucitó, resucitó!	40
165	Hoy celebramos	41
200	El Rey de gloria viene	42
214	Juntos cual hermanos	43
243	Una espiga	44
244	¡Aleluya! ¡Aleluya! / Oh Hijo amado	45
246	Te ofrecemos, Padre nuestro	46
250	Te den gracias	47
252	Somos pueblo que camina	48
255	Vamos pronto	49
265	Profetiza, Pueblo mío	50
294	Quiero contarte con ríos de alabanza	51
311	Abram, ¿por qué te vas lejos?	52
312	A este santo templo	53
313	Tú has venido a la orilla	54
314	Canto de alegría	55
317	Caminemos a la luz de Dios	56
320	La gente de nuestro tiempo	57
322	Sois la semilla	58
327	Cristo te necesita	59
330	Jesús trae una noticia	60
333	Corre el viento	61
353	Si se cae la esperanza	62

Cántico		Página
355	En medio de la vida	63
362	Nada te turbe	64
375	Su nombre es "El Señor"	65
377	Bienaventurados seremos	66
378	Cuando el pobre nada tiene	67
379	Danos un corazón	68
384	¡Aleluya! ¡Aleluya! Viene a nosotros	69
386	Vienen con alegría	70
387	Vos sos el Dios de los pobres	71
389	Cuando se va la esperanza	72
396	Cuando el Señor nos libre	73
397	Porque Él entró en el mundo	74
455	Santo	75
471	Ale, ale, ¡aleluya!	76
Índice de Primeras Líneas		77

Presentación

Con mucho gusto presentamos esta selección de cánticos de *El Himnario*, con vista a poner en circulación a costo módico la letra de los cánticos netamente Latinos/Hispanos contenidos en aquella publicación.

Según comienzan las congregaciones Latinas/Hispanas de la Iglesia Episcopal a insistir en cantar música verdaderamente nuestra, esta pequeña colección les ayudara a tener a la mano una selección limitada de cánticos. Es de esperar que se desarrollen mas, especialmente para las partes fijas de la Santa Eucaristía, los cánticos bíblicos, y el Salterio, los cuales seguimos desarrollando en el Programa Latino/Hispano del Seminario General.

Esperamos que esta pequeña aportación motive a los músicos y poetas de nuestras congregaciones a trabajar juntos por el desarrollo continuo de nuevos cánticos para uso en la liturgia de las congregaciones Latinas/Hispanas de la Iglesia Episcopal.

Rvdo. Dr. Juan M. C. Oliver, Director

Programa Latino/Hispano en Teología y Pastoral;
Seminario Teológico General de la Iglesia Episcopal
Nueva York

Marzo 2006

1 Cantad al Señor

Cantad al Señor un cántico nuevo,
cantad al Señor un cántico nuevo,
cantad al Señor un cántico nuevo,
cantad al Señor, cantad al Señor.

El es Creador y dueño de todo,
El es Creador y dueño de todo,
El es Creador y dueño de todo,
cantad al Señor, cantad al Señor.

Cantad a Jesús porque Él es digno,
cantad a Jesús porque Él es digno,
cantad a Jesús porque Él es digno,
cantad al Señor, cantad al Señor.

Es Él quien nos dio su Espíritu Santo,
Es Él quien nos dio su Espíritu Santo,
Es Él quien nos dio su Espíritu Santo,
cantad al Señor, cantad al Señor.

Cantad al Señor, "¡Amén, aleluya!"
Cantad al Señor, "¡Amén, aleluya!"
Cantad al Señor, "¡Amén, aleluya!"
Cantad al Señor, cantad al Señor.

Texto: anónimo de Brasil; arr. Felipe Blycker J.
Música: melodía brasileña; arm. Samuel Pascoe, ©.

3 Al despuntar en la loma el día

Al despuntar en la loma el día,
al ver tu gloria nacer,
se llena el campo de tu alegría,
se ve la yerba crecer;
y yo, Señor, que temía
que no fuera como ayer,
te veo aquí como siempre
en mi vida y en mi ser.
Te veo aquí como siempre,
en mi vida y en mi ser.

Se mezcla el sol en el horizonte
con tu verde cafetal,
en la espesura canta el sinsonte
vuelve la vida al corral;
y siento el aire fragante,
mezcla de aroma y sudor,
y tú me pides que cante,
y te canto, mi Señor.
Y tú me pides que cante,
Y te canto, mi Señor.

Quisiera ser como aquel arroyo,
grato para refrescar,
o el arrullar de tu pensamiento
que se escucha en el palmar.
Como el cantío de un gallo,
como el trinar del zorzal
mi voz se alza en el viento,
oh, mi Dios, para cantar.
Mi voz se alza en el viento,
oh, mi Dios, para cantar.

Texto y música: Heber Romero, ©; arr. Julio R. Vargas, ©.

5 Cantemos al Creador

Cantemos al Creador un himno de alegría,
feliz canción de amor al nacer el nuevo día.
El hizo cielo y mar, el sol y las estrellas,
y en ellos vio bondad, pues sus obras eran bellas.

Estribillo
¡Aleluya! ¡Aleluya!
Cantemos al Creador. ¡Aleluya!

Cantemos al Creador un himno de alabanza
que exprese nuestro amor, nuestra fe, y esperanza.
También la creación pregona la grandeza;
con nuestro fiel cantar anunciemos su belleza.

Estribillo

Texto y música: Carlos Rosas, © 1976 Resource Publications, Inc. Usado con permiso.
Arm. *The New Century Hymnal,* © 1993 The Pilgrim Press.

7 Cántale a Dios

Cántale a Dios tu risa y esperanza,
cántale a Dios tu pena y tu sufrir.
Cantemos juntos al Dios de los cielos
porque El está hoy aquí.

Estribillo
Cántale a Dios con todas tus canciones,
cántale a Dios con salmos y oraciones,
cántale a Dios de todas maneras,
porque hoy se vuelve a ti, se vuelve hoy a ti.

Con gozo comencemos la mañana
y jubilosos demos el sudor;
que Cristo ayuda nos da en la faena,
porque El está hoy aquí.

Estribillo

Cante a Dios el pueblo reunido,
libre del mal y libre de opresión;
ya no hay cadenas, las penas pasaron,
porque El está hoy aquí.

Estribillo

Tu mano extiende y toma de su agua;
ya no hay más sed, el desierto se acabó;
un manantial de agua y luz nos rodea,
porque El está hoy aquí.

Estribillo

Cántale a Dios, no dejes de cantarle,
cántale tú y todo al rededor,
que el gozo inmenso inunde tu alma
porque El está hoy aquí.

Estribillo

Texto y música: Héber Romero, ©; arr. Luis y Emanuel Olivieri, ©.

10 Santo, santo, santo, santo

Santo, santo, santo, santo, santo, santo es nuestro Dios,
Señor de toda la tierra, santo, santo es nuestro Dios.
Que acompaña nuestro pueblo, que vive en nuestras luchas,
del universo entero el único Señor.

Santo, santo, santo, santo, santo, santo es nuestro Dios,
Señor de toda la historia, santo, santo es nuestro Dios.
Benditos los que en su nombre el evangelio anuncian,
la buena gran noticia de la liberación.

Texto y música: Guillermo Cuellar de *La Misa Popular Salvadoreña;*
arr. de Raquel Mora Martínez. Arr. © 1996 Abingdon Press.

14 Grandes y maravillosas son tus obras

Grandes y maravillosas son tus obras,
Señor Dios Todopoderoso;
justos y verdaderos son tus caminos,
Rey de los santos, Rey de los santos, Rey de los santos.

¿Quién no te temerá, oh Señor,
y glorificará tu nombre?
Pues sólo tú eres santo
por lo cual todas las naciones vendrán
y te adorarán, y te adorarán,
¡Aleluya, amén! ¡Aleluya amén!

Temed a Dios y dale gloria,
porque su juicio ha llegado;
y adorad a aquel que hizo el cielo y la tierra,
el mar y las fuentes de las aguas.
¡Aleluya, amén! ¡Aleluya amén!

Texto: basado en Apocalipsis 15:3–4 y 14:7
Música: anónimo; arr. Felipe Blycker J. Arr. © 1992 Celebremos/Libros Alianza.
Usado con permiso.

23 Al caer la lluvia

Al caer la lluvia resurge con verdor
toda la floresta. ¡Renueva la creación!
Mira el rojo lirio; el duende* ya brotó.
¡Bella primavera que anuncia su fulgor!
Toda flor silvestre, la maya*, el cundeamor*.

El coquí* se alegra, se siente muy feliz.
Canta en su alabanza: "coquí, coquí, coquí."
El pitirre* canta y trina el ruiseñor.
¡Cuán alegremente alaban al Creador!
¡Cómo se te alaba en toda la creación!

¡Todo manifiesta la gloria de mi Dios!
Yo quisiera hacerlo en forma igual, mi Dios.

*coquí=ranita / pitirre=avecilla / duende=flor / maya=planta / cundeamor=planta enredadera

Texto y música: Pablo Fernández Badillo, ©.

29 ¡Canta, Débora, canta!

¡Canta, Débora, canta!
¡Canta, Débora, canta!

Madre de Israel, líder de ejércitos,
canta un himno a tu Señor.

Porque bueno es Dios, bueno es Dios,
Él escoge a los humildes.
Porque bueno es Dios, bueno es Dios,
Él nos fortalece con su poder.

Todos los que cantan, alcen hoy sus voces,
canten un himno de loor.

Porque bueno es Dios, bueno es Dios,
Él escoge a los humildes.
Porque bueno es Dios, bueno es Dios,
Él nos fortalece con su poder.

Texto y música: Luiza Cruz; tr. Raquel Gutiérrez-Achón.
© 1975, 1987 Abingdon Press. Trad. © 1989 Abingdon Press.

33 Cantemos al amor de los amores

Cantemos al amor de los amores;
cantemos al Señor.
¡Dios está aquí! Venid adoradores;
adoremos a Cristo el Redentor.

Estribillo
¡Gloria a Cristo Jesús!
¡Cielo y tierra, bendecid al Señor!
¡Honor y gloria a ti,
Rey de la gloria!
Amor por siempre a ti,
Dios del amor.

Los que buscáis solaz a vuestras penas
y alivio en el dolor,
Dios está aquí y vierte a manos llenas
mil tesoros divinos con amor.

Estribillo

Que abrace nuestro ser la viva llama
del más ferviente amor.
¡Dios está aquí! Está porque nos ama
como padre, amigo y bienhechor.

Estribillo

Texto y música: anónimos; arr. M. Cvetic.

40 Dancé en la mañana

Dancé en la mañana cuando el mundo nació
y dancé en las estrellas, la luna y el sol;
descendí de los cielos y en la tierra
dancé y fue mi cuna allá en Belén.

Estribillo
Ven, pues, conmigo a danzar,
que el Señor de la danza soy;
y doquier estén allí también yo estoy
y en la danza a todos podré guiar.

Para el fariseo y el escriba dancé,
no quisieron danzar cuando yo les invité
y llamé pescadores: a Jacobo y a Juan;
la danza pudo continuar.

Estribillo

Dancé en un sábado y un cojo sané
y la gente piadosa me dijo que eran infiel;
me azotaron, me hirieron, me colgaron al fin
en una cruz para morir.

Estribillo

Dancé en un viernes de tinieblas sin par,
con el diablo a cuestas no es fácil danzar;
enterraron mi cuerpo como un último adiós,
más soy la danza y aquí estoy.

Estribillo

Postrado en la tierra, a los cielos salté,
pues la danza yo soy y yo nunca moriré;
viviré en ustedes, si es que viven en mí,
en la danza que no tiene fin.

Estribillo

Texto: Sydney Carter; trad. Federico J. Pagura.
Música: melodía Shaker; arr. Sydney Carter; arm. Gary Alan Smith.
Texto y música © 1963, trad. © 1997 por Stainer & Bell, Ltd. Todos los derechos reservados.
Usado con permiso de Hope Publishing Co., Carol Stream, IL 60188.

53 Eres fuerza para el pobre

Eres fuerza para el pobre
y calor para el sencillo.
Eres luz para los ciegos;
eres vida y cariño.
Eres paz en las guerras
y esperanza de oprimidos;
eres calma en el conflicto
y perdón para enemigos.

Estribillo
Ven, Espíritu Santo, amor del Padre y del Hijo.
Ven, consuelo de todos y muéstranos el camino.

Eres soplo y eres viento,
eres fuego y desafío.
Eres para el fiel, memoria,
palabra de un buen amigo.
Eres fuente de justicia,
piedad y sabiduría,
discernimiento y prudencia,
temor, respeto, alegría.

Estribillo

Texto y música: Juan J. Sosa; acompañamiento por Craig Kingsbury;
arreglo coral por Randall De Bruyn.
© 1992, Juan Sosa. Publicado por Oregon Catholic Press, 5536 NE Hassalo,
Portland, OR 97213. Todos los derechos reservados. Usado con permiso.

60 Ven Jesús, nuestra esperanza

Ven Jesús, nuestra esperanza, ven y libra nuestro ser.
Niño, nace entre nosotros; ven y danos tu poder.
Ven, liberta prisioneros de injusticia y aflicción.
Ven, reúne nuestros pueblos en amor y en comprensión.

Ven y teje un mundo nuevo caminando en la verdad,
para que por fin el pueblo viva en plena libertad.
Ven Jesús, abre el futuro de tu reino de alegría.
Ven, derrumba este muro que separa noche y día.

Texto: Jaci Maraschin, ©; trad. al español: Jorge Rodríguez, alt;
Música: Marcílio de Oliveira Filho.

61 ¡Cantemos todos!

Estribillo
Cantemos todos, cantemos;
cantemos con entusiasmo;
cantemos al Rey del cielo
que pronto vendrá a salvarnos.

Señor tu pueblo te espera,
te espera con alegría;
y vamos a prepararnos para
cuando llegue el gran día.

Estribillo

Señor, aquí todos juntos
estamos hoy de rodillas,
pidiéndote, fervorosos, que a
salvarnos pronto ya vengas.

Estribillo

Texto: Benjamín Núñez.
Música: Alfredo Morales.
© The Order of St. Benedict, Inc., The Liturgical Press, Collegeville, MN.
Todos los derechos reservados.

65 Oh ven, oh ven Emanuel

Oh ven, oh ven Emanuel, rescata ya a Israel,
que llora en su desolación y espera su liberación.

Estribillo
Vendrá, vendrá Emanuel; alégrate, oh Israel.

Sabiduría celestial, al mundo ven hoy a morar;
corrígenos y haznos ver en ti lo que podemos ser.

Estribillo

¡Oh ven, oh ven, oh Adonai, que en tiempo atrás en Sinaí,
tu ley viniste a proclamar en trueno y majestad sin par!

Estribillo

Ven Tú, oh Hijo de David, tu trono establece aquí;
destruye el poder del mal, visítanos, Rey celestial.

Estribillo

¡Oh ven, Tú, Vara de Isaí, despliega ya tu fuerza aquí;
librándonos de todo mal, danos la gloria celestial!

Estribillo

¡Oh ven, Aurora Matinal, y con tu adviento sin igual,
disipa toda oscuridad, y alúmbrenos tu claridad!

Estribillo

¡Anhelo de los pueblos, ven; en ti podremos paz tener;
de crueles guerras líbranos, y reine soberano, Dios!

Estribillo

Texto: antífonas latinas, siglo IX; trad. 1, 2, 4, y 7 estrs. Federico J. Pagura, © 1962;
Trad. 3, 5, y 6 estrs. Editorial Avance Luterano ©.
Música: canto llano, siglo IV; arm. Y arreg. de Thomas Helmore.

66 En el frío invernal

En el frío invernal del mes de diciembre,
un capullo del rosal brota en un pesebre;
y el calor primaveral hace al mundo despertar,
¡qué fragante olor de tan bella flor! esa ro esa
ro esa rosa anhelo del jardín del cielo.

Las tinieblas del ayer huyen prontamente,
la mañana deja ver sol resplandeciente;
en nocturna oscuridad busca el mundo claridad,
¡qué felicidad esta Navidad! ya la luz, ya la
luz, ya la luz divina al mundo ilumina.

Va el capullo a florecer rosa hermosa y pura,
su fragancia a ofrecer a toda criatura;
ese aroma sin igual nueva vida da al mortal,
es de Dios el don, sumo galardón que al mun, que al
mun, que al mundo ha dado, es su hijo amado.

Texto: anónimo catalán; trad. y adaptación Skinner Chávez-Melo.
© 1987 Juan Francisco Chávez.
Música: Melodía tradicional de Cataluña.

68 Ábranse los cielos

Estribillo
¡Ábranse los cielos, lluevan al Mesías!
Sobre el mustio suelo nazca ya el amor.

Clamen los collados: "¡Ven, oh Salvador!"
Los sedientos prados: "¡Ven, oh Redentor!"
Los resecos campos piden ya el rocío.

Estribillo

De las profecías la sonora voz
llama ya los días de la redención;
y la tierra entera tu venida espera.

Estribillo

El Mesías viene, fieles pregonad;
a la noche sigue grata claridad.
Luz al triste suelo presta el alto cielo.

Estribillo

Texto: anónimo.
Música: Villancico francés; arr. Skinner Chávez-Melo.
Arr. © Juan Francisco Chávez.

69 Preparen el camino del Señor

Estribillo
Preparen el camino del Señor,
preparen el camino del Señor.

Juan proclama en el desierto,
ya se oye su pregón:
"Cambien todos hoy sus vidas,
que ya viene el Salvador.'

Estribillo

Voz de Juan que clama fuerte:
"vengan a pedir perdón.
Dejen todos sus pecados
y reciban al Señor."

Estribillo

Venga, oh Señor, tu reino
de justicia, paz y amor.
Ven, Señor, ven date prisa;
¡Oh, divino Redentor!

Estribillo

Texto y música: Fernando Rodríguez; arm. Samuel Pascoe.
© 1989 Publicado por OCP Publications, 5536 NE Hassalo, Portland, OR 97213.
Todos los derechos reservados. Usado con permiso. Arm. © Samuel Pascoe.

73 El Dios de paz

El Dios de paz, el Verbo eterno,
en nuestras almas va a morar;
Él es la luz, camino y vida,
gracia y perdón para el mortal.

Estribillo
Ven, Salvador, ven sin tardar,
tu pueblo santo esperando está.

Viene a enseñarnos el sendero,
viene a traernos el perdón.
Viene a morir en un madero,
precio de nuestra redención.

Estribillo

Por una senda oscurecida
vamos en busca de la luz;
luz y alegría sin medida
encontraremos en Jesús.

Estribillo

Brilla en la noche nueva aurora,
sol de justicia, sol de paz;
toda la humanidad añora
al que la viene a salvar.

Estribillo

Nuestro Señor vendrá un día
lleno de gracias y majestad
a elevar al pueblo suyo
hacia su reino celestial.

Estribillo

Texto: anónimo.
Musíca: basada en melodía hebrea; arm. anónimo, alt. Skinner Chavéz-Melo.
Arm. © Juan Francisco Chavéz.

74 Toda la tierra

Toda la tierra espera el Salvador
y el surco abierto, la obra del Creador;
es el mundo que lucha por la libertad,
reclama justicia y busca la verdad.

Dice el profeta al pueblo de Israel:
"De madre virgen ya viene Emanuel,
será 'Dios con nosotros,' " semilla será,
con Él la esperanza al mundo volverá.

Montes y valles habrá que preparar;
nuevos caminos tenemos que trazar;
Dios está ya muy cerca, venidlo a encontrar,
y todas las puertas abrid de par en par.

En un pesebre Jesús apareció
pero en el mundo está presente hoy.
Vive entre los pueblos, con ellos está
y vuelve de nuevo a darnos libertad.

Texto catalán: Alberto Taulé; trad. anónimo.
Música: Alberto Taulé; arm. Skinner Chavéz-Melo.
© 1993 Centro de Pastoral Litúrgica. Ad. por OCP Publications, 5536 NE Hassalo, Portland,
OR 97213. Todos los derechos reservados. Usado con permiso. Arm. © Juan Francisco
Chavéz.

81 Venid, fieles todos

Venid, fieles todos, a Belén marchemos
de gozo triunfantes, y llenos de amor;
y al Rey de los cielos contemplar podremos;

Estribillo
Venid, adoremos, venid, adoremos,
venid, adoremos a Cristo el Señor.

El que es Hijo eterno del eterno Padre,
y Dios verdadero que al mundo creó,
al seno virgíneo vino de una madre;

Estribillo

En pobre pesebre yace reclinado,
al mundo ofreciendo eternal salvación,
el santo Mesías, verbo humanado;

Estribillo

Cantad jubilosas, célicas criaturas:
resuenen los cielos con vuestra canción;
¡Al Dios bondadoso, gloria en las alturas!

Estribillo

Jesús, celebramos tu bendito nombre
con himnos solemnes de grato loor;
por siglos eternos todo ser te adore;

Estribillo

Texto: himno latino de Siglo XVIII, atrib. a John F. Wade;
trad. Juan Bautista Cabrera.
Música: John F. Wade.

82 Ya se abrió el cielo

Ya se abrió el cielo de un mundo en tinieblas
y en un pueblecito la luz descendió;
cuna de Belén, noche de esplendor,
en un tierno niño florece el amor.

A su nacimiento se inquieta la tierra
de esperanza el pobre empieza a vivir,
y en su corazón renace la fe,
porque el Cristo niño le ayuda a crecer.

Estribillo
Por eso que nadie se duerma esta noche;
vigilia de cuerdas y bombas será,
porque Dios se asoma en el rostro del Niño
y anuncia la aurora de la humanidad.

Los sabios del mundo que buscan señales
inician su marcha camino a Belén,
hacia la verdad de una nueva luz,
que al fin de la senda se hará sangre y cruz.

Los tiranos tiemblan ante esta noticia
de un rey que ni cetro ni espada tendrá,
pero que de amor, de justicia y paz,
su Reino en la tierra establecerá.

Estribillo

Texto: Federico J. Pagura, ©.
Música: Homero R. Perera. ©.

88 En la noche los pastores

En la noche los pastores
a sus ovejitas velan;
ángeles del cielo alaban,
ángeles del cielo cantan: pastores, venid;
pastores, llegad a adorar al niño,
a adorar al niño que ha nacido ya.

Del Oriente reyes magos
siguen la brillante estrella;
quieren ofrecer regalos,
traen ricos aguinaldos: magos, oh venid;
magos, oh llegad a adorar al niño,
a adorar al niño que ha nacido ya.

Con alegre reverencia
en la bella Nochebuena,
los cristianos hoy alaban
los cristianos todos cantan: pueblos, oh venid;
pueblos, oh llegad a adorar el niño,
a adorar al niño que ha nacido ya.

Texto: tradicional de España.
Música: villancico; arm. Juan Luis García. © Herederos de Juan Luis García.

113 Los magos

Introducción
(sólo una vez)

Los Magos que llegaron a Belén
anunciando la llegada del Mesías
y nosotros con alegría
la anunciamos hoy también.

1 De tierra lejana
venimos a verte,
nos sirve de guía
la estrella de Oriente.

Estribillo (1–3)
O brillante estrella
que anuncias la aurora
no nos falte nunca
tu luz bien hechora.

2 Al recién nacido
que nació sin bienes,
oro le regalo
para ornar sus sienes.

Estribillo (1–3)

3 Como es Dios el niño
le regalo incienso,
perfume con alas
que sube hasta el cielo.

Estribillo (1–3)

4 Al niño del cielo
que bajó a la tierra,
le regalo mirra
que inspira tristeza.

Estribillo (4)
Gloria en las alturas
al Hijo de Dios,
Gloria en las alturas
y en la tierra amor.

Texto: Manuel Fernandéz Juncos;
Música: tradicional puertorriqueña.
Trad. © 1993 The Pilgrim Press, Cleveland. *The New Century Hymnal*.

123   Camina, pueblo de Dios

Estribillo
Camina, pueblo de Dios, camina, pueblo de Dios.
Nueva Ley, Nueva Alianza, en la Nueva Creación.
Camina, pueblo de Dios, camina, pueblo de Dios.

Mira allá en el Calvario,
en la roca hay una cruz;
muerte que engendra la vida,
esperanza, nueva luz,
Cristo nos ha salvado
con su muerte y resurrección.
Todas las cosas renacen
en la nueva creación.

Estribillo

Cristo toma en su cuerpo
el pecado, la esclavitud.
Al destruirlos nos trae
una nueva plenitud.
Pone en paz a los pueblos,
a las cosas y al Creador.
Todo renace a la vida
en la nueva creación.

Estribillo

Cielo y tierra se abrazan,
nuestra alma halla el perdón.
Vuelven a abrirse los cielos
para el mundo pecador.
Israel peregrino,
vive y canta tu redención.
Hay nuevos mundos abiertos
en la nueva creación.

Estribillo

Texto y música: Cesáreo Gabaráin; arm. Juan Luis García.
© 1979 Cesáreo Gabrán. Publicado por OCP Publications, 5536 NE Hassalo, Portland, OR 97213. Todos los derechos reservados. Usado con permiso. Arm. © Herederos de Juan Luis García.

125 Todo te está diciendo

Todo te está diciendo: ¡vuélvete a Dios!
todo te está llamando; ¡de corazón!
hay una voz en todo ¡vuélvete a Dios!
para el que quiera oírla. ¡de corazón!

Estribillo
¡Vuélvete a Dios de corazón!
Todo te está diciendo
¡vuélvete a Dios!

Hay mucha gente hambrienta, ¡vuélvete a Dios!
muchos están sufriendo; ¡de corazón!
hay injusticia y guerra, ¡vuélvete a Dios!
hay opresión y odio. ¡de corazón!

Estribillo

Cristo muriendo sigue, ¡vuélvete a Dios!
corriendo está su sangre; ¡de corazón!
hay una voz en todo ¡vuélvete a Dios!
para el que quiera oírla. ¡de corazón!

Estribillo

Texto y música: Osvaldo Catena. © Editorial Bonum.

132 Mantos y palmas

Mantos y palmas esparciendo va
el pueblo alegre de Jerusalén.
Allá a lo lejos se vislumbra ya
en un pollino al Salvador Jesús.

Estribillo
Mientras mil voces resuenan por doquier;
hosana al que viene en el nombre de Dios.
Con un aliento de gran exclamación
prorrumpen con voz triunfal:
"¡Hosana! ¡Hosana al rey!"
"¡Hosana! ¡Hosana al rey!"

Como en la entrada de Jerusalén,
todos cantamos a Jesús el rey,
al Cristo vivo que nos llama hoy
para seguirle con amor y fe.

Éstribillo

Texto y música: Rubén Ruíz Ávila; arr. Alvin Schutmaat, © Pauline Schutmaat.
Texto y música © 1972, 1979, 1989 The United Methodist Publishing House.

136 Jesús, tú reuniste

Jesús, tú reuniste a tus amigos,
lavaste sus pies humildemente;
después los enviaste a los peligros
de un mundo inhumano e incoherente.

También pediste que este tu ejemplo
lo repitamos y, que a nuestra vez,
salgamos todos de tu santo templo,
vayamos a otros a lavar sus pies.

Ven a lavar los pies adoloridos
de los que caminamos por la vida;
y con tus manos calma las heridas
de los que sufren o están perdidos.

Señor, que nuestros pies, así lavados
en aguas transparentes de tus fuentes,
conduzcan a la cura del pecado,
hermosos, sobre montes, resplandentes.

Texto y música: Jaci Maraschin; trad. José A. Valenzuela, ©;
arr. Luis Olivieri y Roberto Milano, ©.

143 Mira sus manos

Mira sus manos por ti llagadas,
míralas siempre, tendrás valor;
serán el norte de tus pisadas;
mira las manos del Redentor.

Mira sus manos y tendrás vida,
álzate Iglesia, ve tu blasón;
su grey en ellas tiene esculpida
nadie arrebata su posesión.

Mira sus manos, pobre culpable,
quieren limpiarte de tu maldad;
venga el enfermo, el miserable;
en ellas tienen la sanidad.

Mira sus manos, colman de bienes,
están dispuestas a bendecir;
sostén y ayuda en ellas tienes,
míralas siempre en tu vivir.

Texto: Ramón Bon, alt.
Música: Guillermo B. Boomer.

151 Alzad, oh pueblos, vuestra voz

¡Aleluya!
¡Aleluya! ¡Aleluya!

Alzad, o pueblos, vuestra voz,
que Cristo nuestro Rey y Dios
venció la muerte y su terror. ¡Aleluya! ¡Aleluya!

El alba apenas al quebrar,
aromas fueron a ofrendar
mujeres fieles, con piedad. ¡Aleluya! ¡Aleluya!

Un ángel vieron; les habló
diciendo: "El resucitó
y a Galilea ya marchó." ¡Aleluya! ¡Aleluya!

Aquella noche con temor,
reunidos todos, el Señor
les dijo: "Paz, mi paz os doy." ¡Aleluya! ¡Aleluya!

La grata nueva oyó Tomás:
"El cristo vive, cerca está."
Mas no la pudo aceptar. ¡Aleluya! ¡Aleluya!

"Mis manos mira, oh Tomás,
y mis heridas toca ya;
confía en mí, no dudes más." ¡Aleluya! ¡Aleluya!

Con reverencia y con temor
cayó Tomás ante el Señor,
y dijo: "Eres tú mi Dios." ¡Aleluya! ¡Aleluya!

"Los que no han visto y pueden creer,
benditos son y habrán de ser,
pues vida eterna les daré." ¡Aleluya! ¡Aleluya!

Texto: del latín, siglo XVI y XVII (Atr. Jean Tisserand, S. XV);
trad. Federico J. Pagura, ©.
Música: Melodía de Airs sur les hymnes sacrez, odes et noëls, 1623.

159 ¡Resucitó, resucitó!

Estribillo
¡Resucitó! ¡Resucitó! ¡Resucitó!
¡Aleluya! ¡Aleluya! ¡Aleluya!
¡Aleluya! ¡Resucitó! ¡Resucitó!

Jesucristo ya venció la muerte;
con poder glorioso ha resucitado.

Estribillo

¿Dónde, oh muerte, dónde está tu triunfo?
¿Dónde, oh sepulcro, dónde tu victoria?

Estribillo

Él promete que también nosotros
resucitaremos. ¡Gloria, aleluya!

Estribillo

¡Alegría, alegría fieles!
¡Jesucristo vive; Ha resucitado!

Estribillo

Texto: Kilo Argüello; © 1988 OCP Publications 5536 NE Hassalo, Portland, OR 97213.
Todos los derechos reservados. Usado con permiso. adapt. Pablo Sywulka B., ©.
Música: Kilo Argüello; © 1973 Ediciones Musica PAX. Único agente en E.U. OCP Publications.
Usado con permiso. arr. Felipe Blycker, © Philip W. Blycker.

165   Hoy Celebramos

Hoy celebramos con gozo
al Dios Todopoderoso,
al creador de la tierra
y dador de todo bien;
al que vino hasta nosotros
y murió en la cruz,
que ha vencido a las tinieblas
y a la muerte destruyó.

Estribillo
¡Cristo vive! Celebremos
y esperemos su gran don;
Santo Espíritu divino,
ven a nuestro corazón.

Hoy celebramos festivos
al Dios de liberación,
que da vida y esperanza
y se goza en el perdón.
Con voces y con panderos
entonamos la canción,
celebrando al Dios viviente
danza nuestro corazón.

Estribillo

Hoy acudimos alegres
a esta fiesta del amor;
respondiendo fervorosos
a la santa invitación
En amor hoy celebramos
esta santa comunión;
estrechándonos las manos
somos pueblo del Creador.

Estribillo

Texto: Mortimer Arias, alt ©.
Música: Antonio Auza; arr. Homero Perera, © 1983.

200 El Rey de gloria viene

Estribillo
El Rey de gloria viene: reina alegría.
¡Abran las puertas, canten todos y aplaudan!

¿Quién es el Rey de la gloria? ¿Cómo se llama?
Es Emanuel, el prometido hace siglos.

Estribillo

Por campos y poblados de Galilea
entre su gente va hablando y sanando

Estribillo

Este es el hijo de David, nuestro hermano;
en toda Galilea como Él no hay nadie.

Estribillo

Por todos dio su vida, total entrega,
cargó con todos los pecados del pueblo.

Estribillo

Venció la muerte y ha resucitado.
Nos llama hoy a compartir su evangelio.

Estribillo

Texto: Williard F. Jabush; trad. Eunice Miller.
Música: melodía hebrea.

214 Juntos cual hermanos

Estribillo
Juntos cual hermanos, *
fieles de la Iglesia,
vamos caminando
al encuentro del Señor.

Un largo caminar
por el desierto bajo el sol;
no podemos avanzar
sin la ayuda del Señor.

Estribillo

Unidos al orar,
unidos en una canción,
viviremos nuestra fe
con la ayuda del Señor.

Estribillo

La Iglesia en marcha está;
a un mundo nuevo vamos ya
donde reinará el amor,
donde reinará la paz.

Estribillo

*hermanas

Texto: Cesáreo Gabaráin.
Música: espiritualáfrico-americano; arm. Skinner Chávez-Melo.
Texto y música © 1973 Cesáreo Gabaráin. Publicado por OCP Publications 5536 NE Hassalo,
Portland, OR 97213. Todos los derechos reservados. Usado con permiso. Arm. © Juan
Francisco Chávez.

243   Una espiga

Una espiga dorada por el sol,
el racimo que corta el viñador,
Compartimos ahora en pan y vino de amor:
que son cuerpo y sangre del Señor.

Compartimos la misma comunión,
somos trigo del mismo sembrador,
Un molino, la vida, nos tritura con dolor,
Dios nos hace pueblo nuevo en el amor.

Como granos que han hecho el mismo pan,
como notas que tejen un cantar,
Como gotas de agua que se funden en el mar,
los cristianos un cuerpo formarán.

A la mesa de Dios se sentarán,
como iglesia su pan compartirán,
Una misma esperanza caminando cantarán,
en la vida hermanados se amarán.

244 ¡Aleluya! ¡Aleluya! / Oh Hijo amado

Estribillo
¡Aleluya! ¡Aleluya!
¡Aleluya! ¡Aleluya!

Oh Hijo amado, eterna Palabra,
y nuestro hermano, autor de la Alianza,
y nuestro hermano, autor de la Alianza.

Estribillo

Tu alianza es el paso de muerte a la vida
que nos da la gloria del resucitado,
que nos da la gloria del resucitado.

Estribillo

Es nuestro deseo en ti encontrarnos;
hacernos hermanos pues tú eres la vida,
hacernos hermanos pues tú eres la vida.

Estribillo

Tú nos enseñaste lo que es esa vida:
a todas las gentes amar como hermanos,
a todas las gentes amar como hermanos.

Estribillo

En tu santa sangre estamos unidos;
cantando alabanzas, muy llenos de gozo,
cantando alabanzas, muy llenos de gozo.

Estribillo

A tu altar sagrado alegres venimos;
cual santa familia, de Cristo hermanos,
cual santa familia, de Cristo hermanos.

Estribillo

Ya está con nosotros tu Espíritu Santo;
por eso cantamos con gran entusiasmo,
por eso cantamos con gran entusiasmo.

Estribillo

Texto: anónimo.
Música: anónimo (Puerto Rico); arr. Luis Olivieri.

246 Te ofrecemos, Padre nuestro

Estribillo
Te ofrecemos, Padre nuestro,
con el vino y con el pan,
nuestras penas y alegrías,
el trabajo y nuestro afán.

Como el trigo de los campos
en un pan se convirtió;
se transforman nuestras vidas
en la nueva creación.

Estribillo

A los pobres de la tierra,
a los que sufriendo están,
cambia su dolor en vino,
como uva en el lagar.

Estribillo

Estos dones son el signo
del esfuerzo de unidad
que la humanidad realiza
en el campo y la ciudad

Estribillo

Es tu pueblo quien te ofrece,
con los dones del altar,
la naturaleza entera,
anhelando libertad.

Estribillo

Texto y música: Carlos Mejía Godoy, ©, *Misa Campesina Nicaragüense;*
arr. Alvin Schutmaat.

250 Te den gracias

Estribillo
Te den gracias todos los pueblos;
que todos los pueblos te den gracias.

Señor, Señor, gracias te damos
por esta fiesta que hemos celebrado;
tu cuerpo y sangre hemos recibido;
volvemos a la vida renovados.

Estribillo

Señor, qué bien vive aquí en tu casa,
en Cristo siempre unidos como un cuerpo.
Señor, que sea éste un anticipo
del cielo del cual ya participamos.

Estribillo

Texto y música: Eduardo de Sayas; arr. Roberto Milano, ©.

252 Somos pueblo que camina

Somos pueblo que camina
por la senda del dolor.

Estribillo
Acudamos jubilosos a la santa comunión.

Los humildes y los pobres
invitados son de Dios.

Estribillo

Este pan que Dios nos brinda
alimenta nuestra unión.

Estribillo

Cristo aquí se hace presente;
al reunirnos en su amor.

Estribillo

Los sedientos de justicia
buscan su liberación.

Estribillo

Texto y música: *Misa Popular Nicargüense.*

255 Vamos pronto

Vamos pronto, vamos todos a la mesa del Señor;
vamos que ya está servida, para todos es su amor.
Dios nos está llamando a confraternizar;
éste es su nuevo pacto con nuestra comunidad.

Estribillo
Vamos ya, vamos ya a la mesa del Señor.
Vamos ya, vamos ya, para todos es su amor.
Dios nos da el pan y vino que nos confortarán;
renueva nuestra vida con su bella libertad.

Hoy es grande la alegría en la Iglesia de Jesús,
hoy es grande la alegría en la Iglesia de Jesús,
porque ya está servida la mesa para ti;
Cristo nos da su cuerpo y su sangre carmesí.

Estribillo

Con el sol ha renacido nuestra gran felicidad,
con el sol ha renacido nuestra gran felicidad.
Cristo ha resucitado y viene a compartir
con su pueblo reunido la alegría de vivir.

Estribillo

No demores más, cristiano, ven pronto a participar;
no demores más, cristiano, ven pronto a participar,
y vive con nosotros esta oportunidad
de nuevo regocijo por el vino y por el pan.

Estribillo

Texto y música: Heber Romero. © Jorge L. Romero.

265 Profetiza, Pueblo mío

Estribillo
Profetiza, Pueblo mío, profetiza una vez más,
que tu voz sea el eco del clamor
de los pueblos en opresión.
Profetiza, Pueblo mío, profetiza una vez más,
anunciándole a los pobres una nueva sociedad.

Profeta te consagro
sin duda ni temor,
en tu andar por la historia
sé fiel a tu misión.

Estribillo

Anúnciale a los pueblos
que Dios renovará
su pacto en la justicia;
su amor florecerá.

Estribillo

Denuncia tú a aquellos
que causan opresión
para que se conviertan
y vuelvan a su Dios.

Estribillo

Sea tu esperanza
y sea tu misión
el construir la nueva
comunidad de amor.

Estribillo

Texto y música: Rosa Martha Zárate Macías, ©; arm. Raquel Gutiérrez-Achón, © 1993.

294 Quiero contarte con ríos de alabanza

Estribillo
Quiero contarte con ríos de alabanza, ¡oh Señor!
Quiero contarte con ríos de alabanza, ¡oh Señor!

Estribillo

Por la riqueza de tus bendiciones, tu cariño, tu amor,

Estribillo

Por las verdades que tú nos has dado, tu perdón, tu compasión.

Estribillo

Por la belleza de tu universo, tu infinita potestad,

Estribillo

Texto: Lony Rodríguez-Ordoñez. © 1987 Herald Publishing House. Usado con permiso.
Música: Carmelia de la Paz. © Maxine Carmelia Wight.

311 Abram, ¿por qué te vas lejos?

Abram, ¿por qué te vas lejos, sin saber a qué lugar?
¿Y por qué estas tierras dejas, donde hay seguridad?
Allá sólo pena espera, no te vayas, Abram.

Me voy porque Dios me manda, Él así me prometió:
"Con tu gente andá tranquilo, darás vida a una nación,
serás jefe de un gran pueblo"; Dios, yo sé, no fallará.

Así Abram fue seguro, y por su valiente fe,
él fue padre de creyentes y fundó una nación,
y formó una gran familia donde el Salvador nació.

Texto: Emilio Monti, basado en Génesis 12:1-4.
Música: Homero R. Perera, © 1983.

312 A este santo templo

A este santo templo venimos a adorar;
al salir, sabemos que no quedas aquí.
Estás en el mundo, delante vas también,
desde allí nos llamas junto a ti a servir.

Estribillo
Reunidos o dispersos, contigo hemos de estar.
De gracia nos diste, de gracia hemos de dar.

Hemos confesado nuestro pecado a ti;
hemos recibido tu voz de perdón.
Ya de aquí nos vamos gozando de tu don,
para a las gentes darles de tu amor.

Estribillo

Hemos escuchado en la proclamación,
tus promesas santas y tu exhortación.
"No tan sólo oyentes" nos dices, oh Señor;
mas ser hacedores de tu voluntad.

Estribillo

Al cruzar la puerta y al mundo regresar,
tu llamado oímos para la misión.
Predicad la nueva: "Sal de la tierra sois;
Me seréis testigos, por doquier amad."

Estribillo

Texto: Mortimer Arias, alt., ©.
Música: Antonio Auza P., alt., ©.

313 Tú has venido a la orilla

Tú has venido a la orilla,
no has buscado ni a sabios, ni a ricos,
tan sólo quieres que yo te siga.

Estribillo
Jesús, me has mirado a los ojos;
sonriendo has dicho mi nombre
en la arena he dejado mi barca
junto a ti buscaré otro mar.

Tú sabes bien lo que tengo:
en mi barca no hay oro ni espadas;
tan sólo redes y mi trabajo.

Estribillo

Tú necesitas mis manos,
mi cansancio que a otros descanse,
amor que quiera seguir amando.

Estribillo

Tú, pescador de otros mares,
ansia eterna de almas que esperan.
Amigo bueno, que así me llamas.

Estribillo

Texto y música: Casáreo Gabaráin, alt. © 1979, 1987, 1989 Casáreo Gabaráin. Publicado por OCP Publications, 5536 NE Hassalo, Portland, OR 97213. Todos los derechos reservados. Usado con permiso.
arm. Skinner Chavéz-Melo. Arm. © Juan Francisco Chavéz.

314 Canto de alegría

Canto de alegría porque tengo amor,
vivo cada día con el Salvador.
Quiero a todo el mundo de Él siempre hablar,
porque Cristo quiere a todos ya salvar.

Estribillo
Canto porque tengo amor,
vivo con el Salvador.
Quiero su justicia y paz
siempre al mundo proclamar.

En las pruebas todas nos ayudará,
no nos desampara, no nos dejará.
Él nos necesita para trabajar,
vamos adelante, vamos a triunfar.

Estribillo

Dios a todos quiere darnos gozo y paz,
y al mundo de su crisis levanter;
su justicia y su luz han de brillar,
dando esperanza a la humanidad.

Estribillo

Texto: estrs. 1, 2 anónimo; estr. 3 Luis Olivieri, ©.
Música: anónimo; arr. Skinner Chávez-Melo. Arr. © Juan Francisco Chávez.

317 Caminemos a la luz de Dios

Caminemos a la luz de Dios.
Caminemos a la luz de Dios
Caminemos a la luz de Dios.
Caminemos a la luz de Dios.
Caminemos juntos.
Caminemos juntos.
Caminemos a la luz de Dios.

Texto: anónimo, basado en Salmo 89:15.
Música: anónima; canto sud-africano.

320 La gente de nuestro tiempo

La gente de nuestro tiempo
no sabe lo que es el amor;
se vive perdiendo el tiempo,
buscando y sin encontrar.

Estribillo
Amor (amor, amor) es entregarse
en alma y cuerpo a la humanidad.
Vivir (vivir, vivir) siempre sirviendo,
sin que se espere algo para sí.

En Cristo hemos hallado
ejemplo de paz y amor;
muriendo, crucificado,
nos muestra su grande amor.

Estribillo

Por siempre proclamaremos
que en Cristo hay salvación;
llevando este mensaje
de muerte y resurrección.

Estribillo

Texto y música: Jorge Clark Ramírez; arr. Elena Cortéz de Guzmán, alt;
Arm. Betty N. de Alexandre. © 1975 Casa Bautista de Publicaciones. Usado con permiso.

322 Sois la semilla

Sois la semilla que ha de crecer.
Sois estrella que ha de brillar.
Sois levadura, sois grano de sal,
antorcha que ha de alumbrar.

Sois la mañana que vuelve a nacer.
Sois espiga que empieza a granar.
Sois aguijón y caricia a la vez,
testigos que voy a enviar.

Estribillo
Id, amigas, por el mundo,
anunciando el amor;
mensajeras de la vida,
de la paz y el perdón.
Sed, amigos, los testigos
de mi resurrección;
id llevando mi presencia,
con vosotros estoy.

Sois una llama que ha de encender
resplandores de fe y caridad.
Sois los pastores que han de guiar
al mundo por sendas de paz.

Sois los amigos que quise escoger.
Sois palabra que intento gritar.
Sois reino nuevo que empieza engendrar
justicia, amor y verdad.

Estribillo

Sois fuego y savia que viene a traer.
Sois la ola que agita la mar.
La levadura pequeña de ayer
fermenta la masa del pan.

Una ciudad no se puede esconder,
ni los montes se han de ocultar;
en vuestras obras que buscan el bien,
las gentes al Padre verán.

Estribillo

Texto y música: Cesáreo Gabaráin, basado en Mateo 5 y 6; arm. Skinner Chávez-Melo.
© 1979 Cesáreo Gabaráin, Publicado por OCP Publications, 5536 NE Hassalo, Portland, OR
97213. Todos los derechos reservados. Usado con permiso. Arm. © Juan Francisco Chávez.

327 Cristo te necesita

Cristo te necesita para amar, para amar.
Cristo te necesita para amar.

Al que sufre y al triste dale amor, dale amor;
al humilde y al pobre, dale amor.

Estribillo
No te importen las razas ni el color de la piel;
ama a todos cual hermanos y haz el bien.

Al que vive a tu lado dale amor, dale amor.
Al que viene de lejos dale amor.

Al que habla otra lengua dale amor, dale amor;
y al que piensa distinto dale amor.

Estribillo

Al amigo de siempre dale amor, dale amor;
y al que no te saluda dale amor.

Cristo te necesita para amar, para amar.
Cristo te necesita para amar.

Estribillo

Texto y música: Casáreo Gabaráin. Arm. Roberto Milano.
© 1979 Cesáreo Gabaráin. Publicado OCP Publications, 5536 NE Hassalo,
Portland, OR 97213. Todos los derechos reservados. Usado con permiso.

330 Jesús trae una noticia

Jesús trae una noticia.
Todo el mundo se debe enterar.
Viene un tiempo de paz y justicia.
¿Quién le ayuda a proclamar?
Vamos, Simón; vamos, Andrés;
vamos Santiago y Juan también.
Dejen todo y síganme;
vamos, vengan y síganme.

Texto y música: Alejandro Zorzín, ©.

333 Corre el viento

Corre el viento en esta gran ciudad,
muchos temblarán: perdón Señor.
Para unos hoy habrá calor;
para otros, no; perdón, Señor.

Estribillo
Ayúdanos a entender nuestra culpa ¡oh! Señor.
Nuestra alegrías son dolor
para muchos, hoy: perdón, Señor.

Esta gran ciudad progresará,
muchos sufrirán: perdón, Señor.
Para unos la oportunidad;
para otros, no; perdón, Señor.

Estribillo

Guerras y más guerras por la paz,
muchos morirán: perdón, Señor.
Muchas manos se levantarán
reclamando pan: perdón, Señor.

Estribillo

Texto y música: Homero Perera, © 1978.

353 Si se cae la esperanza

Si se cae la esperanza de tu pecho,
si se acaba el deseo de luchar,
no tendrás perdón ante tu pueblo,
ni esperes de Dios aprobación.

Estribillo
Que no caiga la fe, que no caiga la esperanza.
Que no caiga la fe, que no caiga la esperanza.
Que no caiga la fe, mi hermano.
Que no caiga la fe, mi hermana.
Que no caiga la fe, que no caiga la esperanza.

Si se acerca una hora muy difícil
y su aumenta una vez más la represión;
que no caiga la esperanza, hermana mía,
ni se apague la voz del Reino de Dios.

Estribillo

Texto y música: Eseario Sosa Rodríguez basado en una canción de Carlos Ruiz;
© 1980 MOCISCALEB Derechos reservados.
Arr. Emanuel Olivieri, © Luis Olivieri.

355 En medio de la vida

En medio de la vida Tú estás presente, Dios,
más cerca que mi aliento, sustento de mi ser.
Tú impulsas en mis venas, mi sangre palpitar
y el ritmo de la vida vas dando al corazón.

Estribillo
Oh Dios cielo y tierra, te sirvo desde aquí;
te amo en mis hermanos,* te adoro en la creación.

Tú estás en el trabajo del campo o la ciudad,
y es himno de la vida el diario trajinar.
El golpe del martillo, la tecla al escribir
entonan su alabanza al Dios de la creación.

Estribillo

Tú estás en la alegría y estás en el dolor,
compartes con tu pueblo la lucha por el bien.
En Cristo Tú has venido la vida a redimir
de nuestros hijos cuidas, frutos de nuestro amor.

Estribillo

Tú estás en nuestra infancia y en nuestra juventud;
la vida fructificas en nuestra madurez.
En la hora de la muerte estás presente, oh Dios,
llamando nuestras vidas a eterna plenitud.

Estribillo

*hermanas

Texto: Mortimer Arias, ©.
Música: Antonio Auza, © Nancy Auza de Ampuero; arr. Homero Perera, © 1983.

362 Nada te turbe

Nada te turbe, nada te espante.
Quien a Dios tiene, nada le falta.
Nada te turbe, nada te espante.
Quien a Dios tiene, nada le falta.

Nada te turbe, nada te espante.
Sólo Dios basta.
Nada te turbe, nada te espante.
Sólo Dios basta.

Texto: Santa Teresa de Jesús (Ávila).
Música: Canto de Taizé, Jaques Berthier.

375 Su nombre es "El Señor"

Su nombre es "El Señor" y pasa hambre
y clama por la boca del hambriento;
y muchos que lo ven pasan de largo,
acaso por llegar temprano al templo.
Su nombre es "El Señor" y se soporta,
y está en quien de justicia va sediento;
y muchos que lo ven pasan de largo,
a veces ocupados en sus rezos.

Estribillo
Con vosotros está, y no le conocéis;
con vosotros está; su nombre es "El Señor."
Con vosotros está, y no le conocéis;
con vosotros está; su nombre es "El Señor."

Su nombre es "El Señor" y está desnudo;
la ausencia del amor hiela sus huesos;
y muchos que lo ven pasan de largo,
seguros al calor de su dinero.
Su nombre es "El Señor" y enfermo vive,
y su agonía es la del enfermo;
y muchos que lo saben no hacen caso;
tal vez no frecuentaba mucho el templo.

Estribillo

Su nombre es "El Señor" y está en la cárcel;
está en la soledad de cada preso,
y nadie lo visita y hasta dicen:
tal vez ése no era de los nuestros.
Su nombre es "El Señor," el que sed tiene;
Él pide por la boca del hambriento,
está enfermo, preso y desnudo,
pero Él nos va a juzgar por todo eso.

Estribillo

Texto: José A. Olivar.
Música: Miguel Manzano; arr. M. Martínez.

377 Bienaventurados seremos

Estribillo
Bienaventurados seremos, Señor; seremos, Señor.

Seréis bienaventurados los desprendidos de la tierra;
seréis bienaventurados porque tendréis el cielo.
Seréis bienaventurados los que tenéis alma sencilla;
seréis bienaventurados: vuestra será la tierra.

Estribillo

Seréis bienaventurados los que lloráis, los que sufrís;
seréis bienaventurados porque seréis consolados.
Seréis bienaventurados los que tenéis hambre de mí;
seréis bienaventurados porque seréis saciados.

Estribillo

Seréis bienaventurados los que tenéis misericordia;
seréis bienaventurados porque seréis perdonados.
Seréis bienaventurados los que tenéis el alma limpia;
seréis bienaventurados porque veréis a Dios.

Estribillo

Seréis bienaventurados los que buscáis siempre la paz;
seréis bienaventurados: hijos seréis de Dios.
Seréis bienaventurados los perseguidos por mi causa;
seréis bienaventurados porque tendréis mi reino.

Estribillo

Texto y música: Emilio Vicente Mateu; arr. Vernon Hamberg.
Texto y música © 1973 Emilio Mateu y ediciones Musicales PAX. Todos los derechos reservados. Único agente en E.U. © OCP Publications, 5536 NE Hassalo, Portland, OR 97213.
Usado con permiso. Arr. © Augsburg Fortress. Reprinted by permission from *El Pueblo de Dios Canta.*

378 Cuando el pobre nada tiene

Cuando el pobre nada tiene y aún reparte,
cuando alguien pasa sed y agua nos da,
cuando el débil a su hermano fortalece,
va Dios mismo en nuestro mismo caminar.
Va Dios mismo en nuestro mismo caminar.

Cuando alguien sufre y logra su consuelo,
cuando espera y no se cansa de esperar,
cuando amamos, aunque el odio nos rodee,
va Dios mismo en nuestro mismo caminar.
Va Dios mismo en nuestro mismo caminar.

Cuando crece la alegría y nos inunda,
cuando dicen nuestros labios la verdad,
cuando amamos el sentir de los sencillos,
va Dios mismo en nuestro mismo caminar.
Va Dios mismo en nuestro mismo caminar.

Cuando abunda el bien y llena los hogares,
cuando alguien donde hay guerra pone paz,
cuando "hermano" le llamamos al extraño,
va Dios mismo en nuestro mismo caminar.
Va Dios mismo en nuestro mismo caminar.

379   Danos un corazón

Estribillo
Danos un corazón grande para amar,
danos un corazón fuerte para luchar.

Gente nueva creadora de la historia,
constructora de nueva humanidad,
gente nueva que vive la existencias
como riesgo de un largo caminar.

Estribillo

Gente nueva luchando en esperanza,
caminantes sedientos de verdad,
gente nueva sin frenos ni cadenas,
gente libre que exige libertad.

Estribillo

Gente nueva a mando sin fronteras
por encima de razas y lugar,
gente nueva al lado de los pobres
compartiendo con ellos techo y pan.

Estribillo

Texto y música: Juan A. Espinoza; arm. Samuel Pascoe. © 1989, Juan A. Espinoza. Publicado por OCP Publications, 5536 NE Hassalo, Portland, OR 97213. Todos los derechos reservados. Usado con permiso.

384 ¡Aleluya! ¡Aleluya! Viene a nosotros

¡Aleluya! ¡Aleluya! Viene a nosotros la vida.
¡Aleluya! ¡Aleluya! Viene a nosotros la paz.
Aleluya en el trabajo. Aleluya en la ciudad.
Tu Palabra nos da vida y nos hace caminar;
luchar por un mundo nuevo lleno de sol y verdad.
Tu palabra nos impulsa. ¡Aleluya! ¡Aleluya!

Texto: De La Misa Cubana.
Música: Clara Luiz Ajo Lázaro.

386 Vienen con alegría

Estribillo
Vienen con alegría, Señor;
cantando vienen con alegría, Señor,
los que caminan por la vida, Señor,
sembrando la paz y amor.

Vienen trayendo la esperanza
a un mundo cargado de ansiedad,
a un mundo que busca y que no alcanza
caminos de amor y de amistad.

Estribillo

Vienen trayendo entre sus manos
esfuerzos en busca de la paz
deseos de un mundo más humano
que nacen del bien y la verdad.

Estribillo

Cuando el odio y la violencia
no existan en nuestro corazón
el mundo sabrá que por herencia
le aguardan la paz y el amor.

Estribillo

Texto y música: Casáreo Gabaráin; arreg. Samuel Pascoe.
Texto y música © Oregon Catholic Press. Usado con permiso.

387 Vos sos el Dios de los pobres

Estribillo
Vos sos el Dios de los pobres, el dios humano y sencillo,
el Dios que suda en la calle, el Dios de rostro curtido.
Por eso es que te hablo yo así como habla mi pueblo,
porque sos el Dios obrero, el Cristo trabajador.

Vos vas de la mano con mi gente; luchás en el campo y la ciudad;
hacés fila allá en el campamento para que te paguen tu jornal.
Vos comés raspado allá en el parque con Eusebio, Pancho y Juan José;
y hasta protestás por el sirope cuando no te echan mucha miel.

Estribillo

Yo te he visto en una pulpería instalada en un caramanchel;
te he visto vendiendo lotería sin que te avergüence ese papel.
Yo te he visto en las gasolineras llenando las llantas de un camión,
y hasta patroleando carreteras con guantes de cuero y overol.

Estribillo

Texto: Carlos Mejía Godoy.
Música: *Misa Campesina Nicaragüense.*

389 Cuando se va la esperanza

Cuando se va la esperanza,
Dios nos habla y nos dice:
mira tu hermano* que vive
y lucha, buscando un mundo mejor.

Estribillo
Cantemos a nuestro Dios,
Él es el Dios de la vida,
porque Él está con nosotros
creando esperanza y también libertad.

Cuando se va la esperanza,
Dios nos habla y nos dice:
acércate a tu hermano*
y trabajen juntos buscando la paz.

Estribillo

Cuando se va la esperanza,
Dios nos habla y nos dice:
no se alejen de mi lado;
permanezcan firmes, yo les sostendré.

Estribillo

*hermana

Texto: Esther Cámac, alt.
Música: Edwin Mora Guevara; arm. Samuel Pascoe, ©.

396 Cuando el Señor nos libre

Cuando el Señor nos libre de este cautiverio,
parecerá un sueño;
y nuestra boca sonreirá contenta
y cantaremos sin cesar.

Cuando el Señor, al fin, la aurora nos restaure,
parecerá un sueño;
y nuestras manos palmearán felices
para afirmar la libertad.

Cuando el Señor construya nuestro horizonte,
parecerá un sueño;
y nuestros ojos verán con sorpresa
un nuevo mundo germinar.

Cuando el Señor nos una a todos victorioso,
parecerá un sueño;
y nuestras lágrimas habrán pasado,
y cielo y tierra se unirán.

Texto y música: Jaci C. Maraschin, ©; trad. José A. Valenzuela, ©.

397 Porque Él entró en el mundo

Porque Él entró en el mundo y en la historia;
porque Él quebró el silencio y la agonía;
porque llenó la tierra de su gloria;
porque fue luz en nuestra noche fría.
Porque Él nació en un pesebre oscuro;
porque Él vivió sembrando amor y vida;
porque partió los corazones duros
y levantó las almas abatidas.

Estribillo
Por eso es que hoy tenemos esperanza;
por eso es que hoy luchamos con porfía;
por eso es que hoy miramos con confianza
el porvenir, en esta tierra mía.
Por eso es que hoy tenemos esperanza;
por eso es que hoy luchamos con porfía;
por eso es que hoy miramos con confianza el porvenir.

Porque atacó a ambiciosos mercaderes
y denunció maldad e hipocresía;
porque exaltó a los niños y mujeres,
y rechazó a los que de orgullo ardían.
Porque Él cargo la cruz de nuestras penas
y saboreó la hiel de nuestros males;
porque aceptó sufrir nuestra condena
y así morir por todos los mortales.

Estribillo

Porque una aurora vió su gran victoria
sobre la muerte, el miedo, las mentiras;
ya nada puede detener su historia,
ni de su Reino eterno la venida.
Porque ilumina cada senda en gloria
y las tinieblas derrotó con lumbre;
porque su luz es siempre nuestra historia
y a de llevarnos a todos a la cumbre.

Estribillo

Texto: Federico J. Pagura, ©.
Música: Homero R. Perera, © 1983.

455 Santo

Santo, santo, santo es el Señor,
Dios del universo.
Llenos están el cielo y la tierra de tu gloria.
Hosana en el cielo.
Bendito el que viene en nombre del Señor.
Hosana en el cielo.

Texto: Canto litúrgico, Sanctus.
Música: Skinner Chávez-Melo. © Juan Francisco Chávez.

471 Ale, ale, ¡Aleluya!

Ale, ale, ¡Aleluya!
Ale, ale, ¡Aleluya!
Ale, ale, ¡Aleluya!
¡Aleluya! ¡Aleluya!
Alabemos al Señor,
alabemos al Señor,
alabemos al Señor, Amén.
Aleluya, Aleluya,
Aleluya, Amén.

Texto tradicional litúrgico.
Música: Tradicional del Caribe.
© 1990 WGRG. The Iona Community (Scotland). Usado con permiso de G.I.A. Publications, Inc. Todos los derechos reservados.

Índice de Primeras Líneas

	Cántico	Página
Ábranse los cielos	68	26
Abram, ¿por qué te vas lejos?	311	52
A este santo templo	312	53
Al Caer la lluvia	23	17
Al despuntar en la loma el día	3	12
Ale, ale, ¡Aleluya!	471	76
¡Aleluya! ¡Aleluya! / Oh Hijo amado	244	45
¡Aleluya! ¡Aleluya! Viene a nosotros	384	69
Alzad, oh pueblos, vuestra voz	151	39
Bienaventurados seremos	377	66
Camina, pueblo de Dios	123	34
Caminemos a la luz de Dios	317	56
Cantad al Señor	1	11
¡Canta, Débora, canta!	29	18
Cántale a Dios	7	14
Cantemos al amor de los amores	33	19
Cantemos al Creador	5	13
¡Cantemos todos!	61	23
Canto de alegría	314	55
Corre el viento	333	61
Cristo te necesita	327	59
Cuando el pobre nada tiene	378	67
Cuando el Señor nos libre	396	73
Cuando se va la esperanza	389	72
Dancé en la mañana	40	20
Danos un corazón	379	68
El Dios de paz	73	28
El Rey de gloria viene	200	42
En el frío invernal	66	25
En la noche los pastores	88	32
En medio de la vida	355	63

	Cántico	Página
Eres fuerza para el pobre	53	21
Grandes y maravillosas son tus obras	14	16
Hoy celebramos	165	41
Jesús trae una noticia	330	60
Jesús, tú reuniste	136	37
Juntos cual hermanos	214	43
La gente de nuestro tiempo	320	57
Los magos	113	33
Mantos y palmas	132	36
Mira sus manos	143	38
Nada te turbe	362	64
Oh ven, oh ven Emanuel	65	24
Porque Él entró en el mundo	397	74
Preparen el camino del Señor	69	27
Profetiza, pueblo mío	265	50
Quiero contarte con ríos de alabanza	294	51
¡Resucitó, resucitó!	159	40
Santo	455	75
Santo, santo, santo, santo	10	15
Si se cae la esperanza	353	62
Sois la semilla	322	58
Somos pueblo que camina	252	48
Su nombre es "El Señor"	375	65
Te den gracias	250	47
Te ofrecemos, Padre nuestro	246	46
Toda la tierra	74	29
Todo te está diciendo	125	35
Tú has venido a la orilla	313	54
Una espiga	243	44
Vamos pronto	255	49
Ven Jesús, nuestra esperanza	60	22
Venid, fieles todos	81	30
Vienen con alegría	386	70
Vos sos el Dios de los pobres	387	71
Ya se abrió el cielo	82	31

CPSIA information can be obtained
at www.ICGtesting.com
Printed in the USA
JSHW011539161122
33278JS00003B/8